די מעשה פון נומערן

THE NUMBER STORY

SMALL BOOK ONE

ENGLISH - YIDDISH

*Numbers Teach Children
Their Number Names*

written and illustrated by

MISS ANNA

Early Reader Edition of *The Number Story 1*
Bronze Medal Winner, 2016 Wishing Shelf Book Award

Library of Congress Control Number: 2018902040

Names: Miss Anna, author.
Title: Number story : numbers teach children their number names / Miss Anna.
Description: Portland, OR: Lumpy Publishing, 2018.
Identifiers: ISBN 978-1-949320-14-5| LCCN 2018902040
Summary: The pictures and rhymes present stories which introduce numbers 0-10.
Subjects: LCSH Numeration—English—Yiddish--Pictorial works--Juvenile literature. | BISAC JUVENILE NONFICTION /
Languages: English—Yiddish
Classification: LCC QA141.3 .M57 2018 | DDC 513—dc23

Publisher: Lumpy Publishing
Website: www.missannabooks.com
Email: missanna@missannabooks.com
Facebook: Miss Anna Lumpy

Paperback: ISBN 978-1-949320-14-5
Printed in the U.S.A.   1 3 5 7 9 10 8 6 4 2

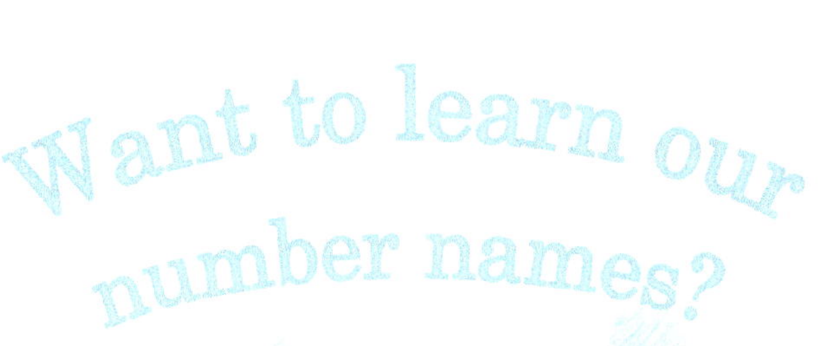

ווילט איר צו לערנען די נעמען פון די נומערן?

It is very easy and a lot of fun!

עס איז זייער גרינג און אַ סאַך שפאַס!

Say-along our little jingle

זינג מיט אונז אונזער קליין מעשה'לה!

starting from Number One!

מיר וועלן אָנהייבן פון נומער איין !

ONE looks like my one finger.

איינס

עס קוקט אויס ווי מיין איין פינגער.

ONE!
א``נס!

2

TWO   trails a tail.

צוויי

שלעפט אַ ווידל.

A TAIL! ‏אַ ווידל!

3
THREE   has bumps.

דריי

האט בײַלען.

BUMPY!   בייַ‌עלעדיק!

4

FOUR   carries a sail.

פיר

טראָגט אַ זעגל.

A SAIL!
אַ זעגל!

5

FIVE is a racing track.

פיניף

איז אַ ראַסינג שפור.

VROOM
טררראם!

6

S I X   curves like a snail.

זעקס

בייגט ווי אַ שנעק.

A SNAIL! אַ שנעק!

7

SEVEN has a sharp angle.

זיבען

האט אַ שאַרף ווינקל.

BE CAREFUL! IT'S SHARP!

גיב אכטונג! עס איז שאַרף!

EIGHT   is rollercoaster rails.

אכט

איז אַ ראָלערקאָסטער רײלז.

ואלדיו
YIPPEE!

NINE   is a bubble on a stick.

נײַן

איז אַ בלאָז אויף אַ שטעקן.

A BUBBLE!

אַ בלאָז!

10

TEN   is an eye of a whale.

צען

איז איין אויג פון אַ וואַלפיש.

HELLO!   שלום עליכם!

And

אּון

0

ZERO   is an empty pail.

נאָל

איז אַ ליידיק עמער.

IT'S
EMPTY!
עס איז ליידיק!

Thank you for playing with us today.

We had a lot of fun too!

אַ דאנק איר פֿאַר שפילען מיט אונז היַינט.

מיר האָבן אויך געהאט פיל שפּאַס!

We are your Number friends,
Zero to Ten,
Who will be here for you~

מיר זענען דיין נומער פריינט

נאָל ביז צען.

מיר וועלן שטענדיק זיין דאָ פֿאַר דיר.

Bye-bye now!
See you again soon!

זיי געזונט!

מיר וועלן באלד ווידערזעהן!